Psicanálise e a Neurociência

Neuropsicanálise e o Novo Inconsciente

Marcelo Araújo

Sumário

Introdução

Se Freud estivesse vivo o que ele estaria estudando? Não tenho dúvidas de que ele estaria renovando as suas teorias com base no conhecimento e nas pesquisas da Neurociência. Ele fez isso durante toda a sua vida. É exatamente por essa inquietação que senti a necessidade de escrever esta obra.

A psicanálise está desatualizada, repetindo as teorias criadas por seus fundadores há mais de um século. Ela acabou tendo o seu aspecto científico pouco desenvolvido. Para Freud, a psicanálise era uma doutrina científica, um método de investigação e uma prática terapêutica. Os psicanalistas acabaram focando ao aspecto prático, deixando os outros componentes de lado. Para a maioria, foi como se os mestres já tivessem dito tudo, restando pouca coisa a acrescentar e pesquisar. Isso acaba tendo um aspecto mais de uma religião.

Exatamente por esse contexto foi necessário escrever este livro. Busco com isso cumprir a profecia de Freud quando na sua obra "Projeto para uma psicologia científica", publicada em 1950 após a sua morte, disse que "(...) Depois que completarmos o nosso trabalho psicanalítico, teremos de encontrar um ponto de contato com a biologia; e podemos certamente nos sentir contentes se esse contato já estiver assegurado em um ou outro ponto importante". Ainda, segundo ele: "o dia chegará em que os fenômenos neuróticos serão estudados por caminhos apontando na direção da medicina".

Dessa forma, o livro pretende apresentar o modelo do novo inconsciente, buscando um diálogo com a Neurociência. A proposta é abrir novos caminhos ao estudo da

Psicanálise e o desenvolvimento de pesquisas científicas, de forma a dar continuidade aos estudos dos grandes mestres sobre o inconsciente.

Capítulo 1 – Neuropsicanálise

Em julho de 2000, em Londres, aconteceu a I Conferência Internacional de Neuropsicanálise. Como desdobramento desse evento, foi criada a Sociedade Internacional de Neuropsicanálise. A proposta foi de exatamente criar um novo campo de estudo, aliando as teorias da Psicanálise com os estudos das Neurociências.

A Neuropsicanálise tem como base a metapsicologia freudiana, ou seja, a psicanálise clássica, sendo considerada uma teoria filosófica. Unindo-se a ela as Neurociências, considerando a teoria da evolução e as teorias de base científica. Dessa forma, busca-se fazer uma revisão da teoria de Freud, considerando o que foi provado cientificamente, dando origem à teoria do Novo Inconsciente. Nesse movimento estão neurocientistas renomados como Antônio Damásio, Eric Kandel, Oliver Sacks, LeDoux e Ramachandran. Além deles, fazem parte os psicanalistas: Charles Brenner, André Green, Otto Kernberg e Daniel Widlocher.

Dessa forma, neste livro iremos considerar a teoria sobre a mente da Neurociência como base, incluindo as teorias psicanalíticas validadas por esse modelo científico. É interessante perceber que na prática clínica esse novo modelo consegue explicar e resolver os conflitos e as neuroses enfrentadas pelo ser humano no século XXI.

Capítulo 2 - Evolução do cérebro

Na evolução o cérebro cresceu de baixo para cima. Ou seja, os centros superiores são elaborações das partes inferiores. Nosso cérebro atual é três vezes maior do que o dos primatas. Nesse contexto, temos o tronco cerebral, o sistema límbico e o neocórtex como as áreas do cérebro relevantes para explicar esse salto evolutivo.

O tronco cerebral regula as funções básicas, como respiração e metabolismo dos órgãos, visando garantir a sobrevivência. Ou seja, está associado aos nossos instintos.

O sistema límbico está associado ao cérebro emocional e à capacidade de aprendizagem e memória. Ele tem como raiz o lobo olfativo, responsável pela análise do cheiro. Esse mecanismo que leva a identificar pelo cheiro a comida e substâncias tóxicas, bem como a atração sexual e identificação dos inimigos. Essa capacidade de armazenar a memória foi bastante adaptativa na evolução, pois permitia encontrar alimentos nutritivos e evitar regiões de feras ou inimigos. Assim, o lobo olfativo manda mensagens ao sistema nervoso, dando ordem para morder, cuspir, abordar, fugir ou caçar. Dessa sistema, originou-se o sistema límbico, com as emoções como fúria, paixão e medo. Podemos destacar a amígdala, responsável pelas emoções e o hipocampo, responsável pelo armazenamento e acesso às memórias.

Por fim, o neocórtex, localizado nas camadas mais externas do cérebro. É nessa área do cérebro que está a sede do pensamento. Foi com o desenvolvimento dele que passamos a compreender os sentidos, a criar estratégias e planejar a longo prazo. A criação da arte, civilização, cultura, ligação de pais e filhos só foi possível a essa evolução cerebral.

Dessa forma, em resumo, temos o tronco cerebral, responsável pelas funções básicas e instintos para garantir a sobrevivência. O sistema límbico, responsável pelas nossas emoções, aprendizagem e memória. Por fim, o neocórtex, o cérebro pensante nas camadas mais externas.

Capítulo 3 - A Mente e a Neurociência

Conforme nos mostra Callegaro[1] (2011), em sua revisão bibliográfica da perspectiva da Neurociência sobre o modelo do novo inconsciente, o que consideramos como a mente inconsciente refere-se ao sistema límbico e tronco cerebral, ou seja, todos os circuitos que envolvem metabolismo, emoções e memória de longo prazo.

Já quando falamos de mente consciente, estamos considerando o neocórtex, principalmente o córtex pré-frontal. Ou seja, todos os centros para a cognição, que envolvem a linguagem, reflexão,

---

[1] Callegaro, Marco Montarroyos (2011): O Novo Inconsciente: como a terapia cognitiva e as neurociências revolucionaram o modelo de processamento mental

pensamento e memória de trabalho. Seria o nosso "Ego".

Metaforicamente, Callegaro diz que a mente consciente seria o General e a mente inconsciente seria o restante do exército, fazendo todo o trabalho pesado e passando as informações para a tomada de decisão. Quando temos qualquer problema emocional, é um aviso da tropa de que algo vai mal e que o General precisa mudar a estratégia ou a forma de pensar para garantir a sobrevivência e o bem estar. O inconsciente, então, apenas obedece às ordens. Se pensarmos que algo não vai dar certo, essa mente utiliza todo o seu poder emocional para fazer com que essa ordem seja cumprida.

A comunicação da mente inconsciente ao General é feita por sentimentos e imagens, já que essa mente é não verbal. Já a mente consciente, passa as suas mensagens através dos pensamentos e interações com o mundo externo.

Goleman[2] (2014) resume bem esse novo conceito das mentes consciente e inconsciente. Segundo ele, temos dois sistemas que fazem operar a mente: descendente e ascendente. Eles podem ser divididos da seguinte forma:

1) Sistema de cima para baixo (descendente) - mente consciente:

   a) Capaz de aprender novos modelos e fazer novos planos
   b) Sede do autocontrole
   c) Mais lenta
   d) Voluntária
   e) Esforçada

---

[2] Goleman, Daniel (2014): Foco: a atenção e seu papel fundamental para o sucesso

f) No cérebro está localizada na área do Neocórtex

A mente consciente é a sede dos nossos pensamentos, da razão. É mais recente na evolução, feita para elaboração de planejamento, linguagem, atenção e aprendizado. Precisamos estar totalmente focados para o bom uso dessa mente. Está mais associada ao hemisfério esquerdo do cérebro.

2) Sistema de baixo para cima (ascendente) - mente inconsciente:

a) Responsável pelo nosso modelos mentais
b) Rotinas habituais
c) Impulsiva: sede das emoções
d) Intuitiva: opera em redes de associações
e) Involuntária e automática: sempre ligada

f) Opera em milissegundos

g) No cérebro está localizada na área do Subcórtex

A mente inconsciente opera todo o nosso metabolismo e controla as nossas emoções e memória de longo prazo. Nela está armazenado todo o aprendizado da vida, incluindo os instintos genéticos do processo de evolução. Ela é não verbal e está mais associada ao hemisfério direito do cérebro.

Capítulo 4 - O Novo Inconsciente

O novo inconsciente pode ser associado à área do cérebro do Subcórtex, que regula os processos mentais básicos e emoções.

Dessa forma, todas as nossas lembranças emocionais estão localizadas no inconsciente, mais precisamente na amígdala. Já no hipocampo está armazenada toda a nossa memória autobiográfica e conhecimentos acumulados.

A mente inconsciente é a emocional e aquela que cuida de todo o trabalho pesado do nosso metabolismo. Está associada ao hemisfério direito e áreas mais baixas e centrais do cérebro. Ela é não verbal, ou seja, é muda, mas escuta tudo. Ela se comunica com a mente consciente através dos sentimentos e de imagens. É ela quem domina tudo o que fazemos bem sem pensar. Por exemplo, ao dirigir, é a mente inconsciente que está no comando, permitindo que você consiga conversar com alguém ou pensar em outra coisa. Você agora está respirando, seu coração batendo, o corpo fazendo a digestão e se defendendo de ataques de vírus e bactéria. Isso tudo sem se dar conta, pois é a mente inconsciente quem controla todos esses processos. É nela que está toda a bagagem de conhecimento acumulada na vida atual e dos nossos ancestrais.

O hemisfério direito, associado à mente inconsciente, é literal. Responsável pelas tarefas visuais e espaciais. Carrega um senso de realidade e sabedoria mais preciso.

Entre os hemisférios cerebrais, está o corpo caloso. São duzentos milhões de fibras nervosas que garantem a comunicação entre os hemisférios direito e esquerdo.

Pelas estimativas, o processamento inconsciente é duzentas mil vezes maior do que o consciente, mostrando que a metáfora de Freud do iceberg estava certa. O inconsciente é o nosso piloto automático. Tudo o que fazemos sem esforço é resultante do controle dessa mente.

Esse processamento automático exige:

a) Falta de percepção consciente
b) Ausência de intencionalidade
c) Ausência de esforço para a execução
d) Inabilidade para controlar o processo

Capítulo 5 - A Mente Consciente

A mente consciente é a racional, que se comunica. Ela é aquela mente falante dentro de nós, sendo responsável pelo raciocínio lógico, planejamento e tomada de decisões. Está mais associada ao hemisfério esquerdo e áreas frontais do cérebro.

Ela está localizada mais precisamente no córtex pré-frontal, sendo responsável pelos circuitos de memória de trabalho, reflexão, planejamento e tomada de decisão. Controla todo o processo de pensamento e raciocínio lógico. Está associada à linguagem, que tem os seus circuitos associados ao hemisfério esquerdo.

Esse hemisfério esquerdo é considerado o intérprete do cérebro. Ele recorre a deduções, racionalizações e generalizações quando tenta relacionar o passado e o presente. Ele funciona como o nosso ego.

Mecanismos de distorção da realidade

É a mente consciente, mais precisamente o córtex pré-frontal e hemisfério esquerdo, a responsável por mecanismos de distorção da realidade. Como exemplo, temos a dissimulação e o autoengano.

Na dissimulação, utilizamos a nossa capacidade consciente de mentir, que acabou sendo adaptativa ao convívio em sociedade. Em estudos com macacos, já foi identificado esse tipo de dissimulação quando, por exemplo, uma fêmea atraia um macaco mais novo longe da atenção do macho alfa, sendo capaz de copular reduzindo os gemidos para não chamar a atenção do líder. Nos psicopatas, essa capacidade deve-se a justamente eles lerem as emoções pelo córtex pré-frontal, ou seja, não tem a capacidade de empatia, mas apenas a racionalidade pura.

No autoengano a mente consciente cria uma imagem maior ou diferente do que realmente é. Esse é outro mecanismo que acabou sendo adaptativo nas relações de poder, pois os indivíduos que venderam de forma mais competente a sua autoimagem acabaram ocupando as posições de liderança nos grupos ao longo da História.

Capítulo 6 – Traumas

Todos os registros emocionais no cérebro ficam armazenados na amígdala, a sentinela emocional. Ela funciona como um depósito dessas emoções e controle das situações de perigo.

Ela é responsável por todas as situações de perigo, mobilizando os circuitos do cérebro para lutar, fugir ou paralisar. O seu formato de memória é associativo, reagindo a situações vagamente semelhantes ao episódio gerador de memória.

Dessa forma, é a amígdala a responsável pelo depósito de todos os traumas emocionais vividos. Ao nascer, o bebê já tem a amígdala formada e recebe as memórias emocionais desde o útero.

Quando há um descontrole emocional o que ocorre é o chamado sequestro da amígdala. Ou seja, a amígdala bloqueia os circuitos conscientes, visando garantir a sobrevivência e agir por instinto. As respostas são rápidas e impulsivas. Os indivíduos mais neuróticos são os que possuem a amígdala superexcitável, derivada dos muitos episódios emocionais depositados. De acordo com as experiências vividas, os traumas vão sendo acumulados na amígdala e todas as vezes que algo associado acontece novamente, há uma reação emocional contundente diante dessa ameaça, sendo exatamente o mecanismo de defesa evolutivo.

Os traumas são, na verdade, toda a memória emocional negativa ao longo da vida. Todos os momentos de medo, angústia, raiva ou tristeza ficam registrados e essas memórias não são apagadas.

Capítulo 7 - Educação emocional na infância

Freud tinha razão quando colocou os traumas na infância como as causas para a neurose. Entretanto, esses traumas não estão associados apenas às questões sexuais, mas por todos os maus tratos sofridos e eventos de forte carga emocional.

Goleman[3] (2012) descreve os pais emocionalmente inábeis:

a) Ignorar qualquer tipo de sentimento
b) Observar e não intervir nos sentimentos
c) Ser muito rigoroso
d) Superproteção

---

[3] Goleman, Daniel (2012): Inteligência Emocional

Ou seja, as crianças não aprendem a amar e controlar os seus sentimentos, reagem com medo ao rigor dos pais ou não são preparadas emocionalmente a lidar com os próprios problemas por conta da superproteção.

Ele também descreve as crianças criadas por pais emocionalmente aptos:

a) Tem bom relacionamento com os outros
b) Perturbam-se com menos frequência
c) Mais relaxadas biologicamente
d) Mais sociáveis
e) Mais atentas: aprendem melhor

Dessa forma, segundo o autor, as crianças precisam sentir confiança, curiosidade, intencionalidade, autocontrole, capacidade de comunicação, estar aberta a relacionamento e cooperação.

As crianças emocionalmente preparadas possuem maior controle dos impulsos, sendo mais equilibradas na fase adulta. Isso tem início desde o útero nas emoções que a mãe passa ao bebê, passando pelo amor na amamentação. A falta de afeto é registrada pela amígdala, causando desconforto, sentimento de rejeição e insegurança. Isso tudo ficará na memória inconsciente, havendo as reações emocionais durante toda a vida.

As crianças que apanham na infância registram esse trauma e passam a reproduzir esse comportamento violento. Por trás de todo jovem ou pessoa violenta está alguém que apanhou ou sofreu outros tipos de violência na infância.

Dessa forma, negligência, espancamento e abuso sexual alteram a estrutura cerebral, predispondo a comportamento antissocial. Há uma redução no hipocampo e na amígdala esquerda.

Capítulo 8 - Identificação da Neurose no cérebro

A neurose no cérebro está associada ao córtex pré-frontal. Por fatores genéticos e durante o desenvolvimento, os indivíduos possuem o córtex pré-frontal direito ou esquerdo mais ativado.

Aqueles que possuem o córtex pré-frontal direito mais ativado são ansiosos e temerosos; são pessoas avessas ao risco, desistindo com mais facilidade das coisas; tem vigilância ampliada em relação às ameaças. Ou seja, é responsável por inibir o comportamento.

Já as pessoas que possuem o córtex pré-frontal esquerdo mais ativado são pessoas mais positivas no aspecto emocional. Tem um perfil voltado a superar obstáculos e atingir metas. Essa área está relacionada ao senso de propósito da vida. É ativada até mesmo com o mero pensamento de atingir uma meta significativa.

É possível identificar desde o berço essa ativação. As crianças que choram quando a mãe sai do quarto tem ativação pré-frontal direita. Aquelas que conseguem manter o controle tem ativação esquerda.

Dessa forma, temos como mensurar a neurose por exames de neuroimagem. Os indivíduos mais neuróticos tem o córtex pré-frontal direito mais ativado. Com a psicoterapia, é possível inverter essa polaridade cerebral por meio do mecanismo de plasticidade cerebral.

Nós temos quatro tipos de temperamento: tímido, ousado, otimista e melancólico. As pessoas com o perfil mais ousado e otimista possuem o córtex pré-frontal esquerdo mais ativado. Já as pessoas mais tímidas e melancólicas possuem ativação pré-frontal direita. As técnicas de atenção plena e a psicoterapia são capazes de modificar esse quadro. Para isso, o papel do psicanalista precisa ser mais interventivo, de forma a promover a psicoeducação do cliente para que possa entender o seu funcionamento cerebral e ter a consciência de que pode modificar a sua forma de pensar, sentir e se comportar, encontrando a sua essência. Foi o que Jung chamou de processo de individuação.

Capítulo 9 - Controle do Inconsciente

O controle das emoções e dos impulsos instintivos é realizado pelo córtex pré-frontal. Ele seria uma mistura do que Freud chamou de ego e superego.

As pessoas deprimidas possuem a função pré-frontal reduzida e apresenta atividade aumentada na amígdala. Para superar a depressão é preciso encontrar um novo significado existencial, fazendo com que o cérebro executivo do córtex pré-frontal reavalie as situações.

Dessa forma, a nossa mente consciente tem condições de controlar os instintos e a mente inconsciente. Isso mostra que é verdadeiro o objetivo inicial que Freud estabeleceu para a Psicanálise, que seria tornar conscientes os aspectos e conteúdos do inconsciente da mente.

Na tabela abaixo temos a diferença entre a amígdala e o córtex pré-frontal.

Amígdala	Córtex pré-frontal
Reação ansiosa e impulsiva	Controla o sentimento
Ameaças	Resposta mais analítica aos impulsos
Descontrole emocional	Modula a amígdala
Resposta mais rápida	Organização e avaliação de reações
Emergência	Resposta mais lenta
Responsável pelas angústias	Consegue desligar a emoção aflitiva: córtex pré-frontal esquerdo
Resposta instintiva visando garantir a sobrevivência	Amortecedor de angústias

As neuroses, então, podem ser trabalhadas de forma a expandir a consciência sobre os traumas passados e todas as emoções e angústias vividas pelo ser humano. Esse conhecimento científico permite que o trabalho da Psicanálise seja realizado de forma mais objetiva, compreendendo as modificações no cérebro.

Capítulo 10 - Neuropsicanálise e o novo conceito de desenvolvimento

Freud se equivocou quando colocou as razões da neurose no desenvolvimento da sexualidade e aos traumas associados. O problema na verdade está no desenvolvimento cerebral. Os traumas sofridos prejudicam esse desenvolvimento, causando danos e transtornos psicológicos.

Segue na próxima página uma tabela com os principais momentos do desenvolvimento cerebral:

Período	Evolução	Repercussão
10 meses a 1,5 ano	Ligações do córtex pré-frontal ao cérebro límbico	Ao ser consolado pela mãe inúmeras vezes aprende a se acalmar quando perturbado
3 anos	Formação do hipocampo	Memória narrativa
6 a 7 anos	Amadurecimento das áreas sensoriais. Circuito emocional fica sob o controle pré-frontal mais forte	Maior capacidade cognitiva; maior controle dos impulsos e de coordenar os seus esforços imaginativos; ficam mais bem-comportadas
12 a 13 anos	Poda no cérebro: perde neurônios que não são muito utilizados. Amadurecimento do sistema límbico	Mudança de comportamento; perda da imaginação da infância; descontrole emocional
16 a 18 anos	Amadurecimento dos lobos pré-frontais	Maior controle do sistema límbico (emoções)

As neuroses, então, tem origem na falta de afeto, superproteção, rigidez, agressão, abuso, negligência e em fatores genéticos. Isso acaba prejudicando esse bom desenvolvimento e fazendo com que a criança e adolescente não aprenda a desenvolver o controle emocional e dos impulsos, gerando os problemas na vida adulta.

A genética também tem papel fundamental, mas pode ser revertida por uma educação emocional adequada. Segundo Goleman[4] (2012), para domar a amígdala superexcitável em bebês tímidos, a educação precisa ter foco na adaptação. Ele faz uma comparação entre a superproteção e esse modelo educacional. A seguir apresentamos a tabela comparativa:

---

[4] Goleman, Daniel (2012): Inteligência Emocional

Superproteção	Educação com foco na adaptação
Estímulo do medo	Ensinam a superar o medo
Passam mais tempo no colo da mãe nos períodos de perturbação	Imposição de limites
Não estabelecem limites	Não correm a pegar e consolar o bebê a cada perturbação
Exacerbam a insegurança do bebê	Estímulo ao enfrentar o desconhecido

Quando há essas falhas no processo educacional, há uma dificuldade em controlar os sentimentos e os impulsos. Isso leva a diversos problemas, como distúrbios de alimentação, alcoolismo e uso de drogas.

A obesidade normalmente está associada à incapacidade de distinguir entre medo, raiva e fome. Resulta do processo de ansiedade desenvolvido ainda na infância. Ou seja, uma incapacidade de controlar o medo. Os pais e educadores não conseguiram desenvolver a confiança necessária para lidar com os problemas. Dessa forma, há uma falta de controle no impulso de comer, ativando os mecanismos de recompensa do cérebro com os alimentos açucarados e gordurosos.

O alcoolismo está também ligado à ansiedade e fraca ativação do córtex pré-frontal esquerdo. O álcool acaba sendo uma automedicação para os sintomas de ansiedade. Há sempre altos níveis de agitação, impulsividade e tédio.

O consumo de drogas também está relacionado às emoções. Os usuários de maconha são ansiosos, buscando o resultado relaxamente da ativação parassimpática. Os usuários de cocaína são depressivos, buscando a euforia proporcionada droga. Os usuários de heroína tem dificuldade de controlar e lidar com a raiva.

Capítulo 11 - Emoções e o Sistema Imunológico

As emoções estão ligadas ao sistema imunológico. O sistema nervoso autônomo possui sinapses com as células imunológicas. Dessa forma, o estresse, as emoções tóxicas e a solidão acabam levando a doenças.

O estresse gera aumento da vulnerabilidade a infecções virais; causa uma exacerbação na formação das placas que causa enfarte do miocárdio; acelera o início da diabete; provoca úlcera gastro-intestinal, doenças inflamatórias do intestino e crise asmática. O risco de gripes e resfriados duplica em pessoas que vivem com elevado nível de tensão.

A raiva e o rancor afetam a eficiência do bombeamento cardíaco. Ela mais que duplica o risco de parada cardíaca em pessoas que já tem problemas no coração.

Goleman[5] (2012) comenta um estudo sobre a solidão. Essa pesquisa durou mais de uma década e foi realizado com mais de 37 mil pessoas. O resultado mostrou que o isolamento social mais que duplica a possibilidade de contrairmos doenças ou de morrermos. Ele é tão importante para as taxas de mortalidade quanto o fumo, a alta pressão sanguínea, o colesterol alto, a obesidade e a falta de exercício físico.

Ele cita outro estudo com 122 homens que tiveram um primeiro ataque cardíaco, sendo avaliados quanto ao grau de otimismo e pessimismo. Oito anos depois, dos 25 mais pessimistas, 21 haviam

---

[5] Goleman, Daniel (2012): Inteligência Emocional

morrido. Dos 25 mais otimistas, apenas 6 haviam morrido.

Assim, o equilíbrio emocional é fundamental para a saúde do corpo. A ciência comprovou o ditado "uma mente sã em um corpo são", do poeta romano Juvenal.

Capítulo 12 - Memória Consciente e Inconsciente

Há dois sistemas de memória no cérebro: sistema da amígdala e o sistema hipocampal e córtices superiores. Na amígdala, temos a memória emocional, inconsciente. Já no Hipocampo temos a memória racional, facilmente acessada pela mente consciente, ou seja, as nossas lembranças e o conhecimento geral acumulado.

A memória inconsciente não se apaga. Fica registrada na amígdala e é ativada ao receber algum estímulo associativo. Todos os problemas traumáticos envolvem essa memória implícita do inconsciente. É lá onde estão registrados todos os acontecimentos com carga emocional desde o útero. No nascimento, a amígdala já está formada, armazenando as emoções. Estão nela todos os traumas e emoções positivas registradas durante a vida. Os traumas ficam registrados como imagens congeladas na amígdala.

Já a memória do Hipocampo é construtiva. O cérebro vai fazendo uma limpeza nas memórias que não são mais relevantes, fazendo apagar lembranças inúteis. Semelhante a uma limpeza dos arquivos não necessários em um computador. É esse o motivo de não lembrar assuntos estudados na escola que não são utilizados hoje.

O Hipocampo é formado por volta dos três anos. Dessa forma, as memórias da infância não foram reprimidas, apenas não foram codificadas pelo sistema hipocampal.

Essa memória racional é moldada pelo indivíduo, podendo gerar distorções e falsas memórias. Se for vaidoso, pode supervalorizar acontecimentos, dando ênfase aos aspectos positivos. É o que acontece, por exemplo, em algumas palestras de empreendedores, que contam as suas histórias como sendo linear do passado pobre ao crescimento após encontrar a oportunidade de negócio. Da mesma forma, um indivíduo pessimista pode valorizar aspectos negativos da sua vida, carregando mais fortemente lembranças que remetem a experiências de fracasso.

É possível promover um implante de memória, fazendo uma alteração em ambas as memórias. Na inconsciente, promove a ressignificação das emoções e associações. Já na consciente, promove a eliminação, repressão, ou uma nova memória, podendo modificar as suas lembranças. A hipnose terapêutica faz uso desse conhecimento há alguns séculos.

Quando há no transe hipnótico a sugestão de esquecimento, o que acontece na verdade é uma repressão da memória. Ela ainda está presente e pode ser acessada, como acontece com as experiências hipnóticas de fazer esquecer o nome ou o número de telefone.

Callegaro[6] (2011) nos mostra um resumo dos sistemas de memória da amígdala e do Hipocampo, descrito na próxima página. Esse conhecimento é fundamental para a prática da psicoterapia, pois fica mais fácil utilizar a metodologia adequada para cada caso.

---

[6] Callegaro, Marco Montarroyos (2011): O Novo Inconsciente: como a terapia cognitiva e as neurociências revolucionaram o modelo de processamento mental

Sistema da Amígdala	Sistema hipocampal e córtices superiores
• Inconsciente • Rápido • Automático • Permanente • Representações simples e cruas do mundo • Antigo na evolução	• Consciente • Lento • Flexibilidade de resposta mediada pela reflexão e pela escolha consciente • Maior transitoriedade e facilidade de esquecimento com o tempo • Representações mais detalhadas e aprimoradas do mundo • Mais recente na evolução

Capítulo 13 - Repressão e esquecimento

Durante um século a Psicanálise acreditou que tudo o que é aprendido é permanentemente armazenado na mente, podendo ser recuperado por técnicas especiais ou hipnose. O mecanismo da repressão das memórias foi bastante enfatizado. É importante, então, trazer o conhecimento da Neurociência sobre esquecimento e repressão.

Algumas informações ou detalhes delas podem ser totalmente perdidos na mente. O sistema de memória do hipocampo, também chamada de memória explícita ou consciente, vai apagando as memórias inúteis com o tempo, de forma a preservar o cérebro e gerar aprendizados mais adaptativos à vida atual. Ou seja, quando não lembramos memórias não emocionais, como assuntos antigos estudados ou dias de rotina, de fato essa informação pode não estar mais presente.

Já na repressão, o acesso à memória é bloqueado pelo sistema do hipocampo. Entretanto, ela está presente e pode ser acessada por técnicas específicas.

Como exemplo desse processo de repressão, cito o caso de uma cliente, de nome fictício Débora. Ela dizia ter sofrido assédio sexual do seu chefe. Quando fomos verificar a memória emocional, com representações mais cruas do mundo, não era exatamente isso que ocorreu. Utilizei a técnica de hipnose para lembrar exatamente daquele dia. Ela disse que tinha premeditado ficar sozinha com ele no escritório durante a noite, pois tinha interesse em seduzi-lo para ocupar um cargo vago na diretoria da empresa. Ou seja, houve uma repressão dessa memória, havendo uma distorção da realidade de forma a beneficiá-la e se tornar vítima do acontecimento, sendo uma memória mais agradável ao seu ego do que admitir a dissimulação.

Na memória consciente, do sistema do hipocampo, é possível fazer repressões, distorções e fantasiar a realidade. Entretanto, a memória emocional do sistema da amígdala, registra os fatos de forma fiel, com imagens e sentimentos precisos do acontecimento.

É por isso que se deve ter cuidado com os depoimentos judiciais, pois pode haver alguma repressão, distorção ou implante de memória. Na década de 90 houve um grande número de pais sendo acusados de abusar os seus filhos nos EUA. Verificou-se depois que grande parte dos casos tinha como causa o implante de memória de psicoterapeutas. Dessa forma, as psicoterapias baseadas apenas no discurso consciente ficam mais restritas ao sistema de memória do hipocampo, sendo mais fácil se trazer repressões, distorções e falsas memórias.

A Psicanálise tem o diferencial de ter como objeto de estudo a mente inconsciente. Deve aprofundar as técnicas de acesso mais rápido e direto ao inconsciente, de forma a levar os indivíduos em contato com a sua realidade interior.

Capítulo 14 - Sono e sonhos

O sono é fundamental para consolidar as memórias e gerar os aprendizados emocionais. Além disso, naturalmente promove a recuperação das células do corpo e eliminação de toxinas.

No sono o córtex pré-frontal, a mente consciente, está desligado. O corpo amigdaloide está ativo. Ou seja, a nossa mente inconsciente assume todo o controle nesse momento. Há dois tipos de sono: o sono não-REM e o sono REM.

O sono não-REM possui 4 estágios. Neles a atividade neuronal cortical, tronco cerebral e fluxo sanguíneo no cérebro caem 50%.

No sono REM, sigla em inglês para movimentos oculares rápidos (*rapid eye movement*), há os sonhos. Há uma produção de imagens e os olhos movem-se em resposta a elas. O sono REM é fundamental para os aprendizados emocionais. É através dele que a mente inconsciente se comunica, trazendo mensagens à mente consciente sobre os problemas atuais. A consolidação de memórias também é fundamental nesse processo.

Há em média de 2 a 5 ciclos do sono por noite. A mente consciente desliga e a frequência cerebral cai. Há os 4 estágios do sono não-REM e depois o sono REM. Quanto mais ciclos, maior a sensação de relaxamento e bem estar.

A técnica de interpretação de sonhos é interessante para entender as mensagens do inconsciente. É possível produzir e dar continuidade aos sonhos de maneira consciente, por meio de técnicas de relaxamento, como veremos à frente.

Capítulo 15 - Cérebro Social e a Identificação Projetiva

As pesquisas da Neurociência identificaram o nosso cérebro social. Os circuitos que utilizamos para o autoconhecimento são idênticos ao que utilizamos para conhecer outras pessoas. Isso significa que a Neurociência comprovou o mecanismo da identificação projetiva.

Segundo Goleman[7] (2012), o cérebro social possui um grande número de circuitos para a sintonia com o cérebro de outras pessoas. Os neurônios-espelho ativam o que vemos nos outros: suas emoções, movimentos e intenções

---

[7] Goleman, Daniel (2012): O cérebro e a inteligência emocional

Na identificação projetiva, o que vemos no outro reflete o nosso comportamento, pensamento ou sentimento. Ou seja, ele é o nosso espelho. O papel da ínsula é fundamental nesse processo. É ela que é responsável pelo processo de empatia e identificação. Tânia Singer, neurocientista, diz que ler as emoções nos outros significa primeiro ler essas emoções em nós mesmos. A ínsula é ativada nesse processo de identificação.

Em um estudo com ressonância magnética em casais, um dos parceiros levou um choque e o outro assistiu. No momento do choque, a parte do cérebro do parceiro que assiste se ilumina na mesma região que se iluminaria se fosse ele a levar o choque.

Dessa forma, no processo psicanalítico, o que se fala de outra pessoa representa, de fato, o que existe em si. O psicanalista deve trazer isso à consciência, pois essa é a principal razão para a maior parte das neuroses do ser humano. Considero ser essa uma das principais missões da terapia com a Neuropsicanálise: trabalhar o processo de identificação projetiva e promover a empatia pelo próximo.

Capítulo 16 - Objetivos da terapia com a Neuropsicanálise

A Neuropsicanálise tem como principal objetivo trazer à consciência os mecanismos, as memórias implícitas e todo o poder da mente inconsciente. Isso pode ser resumido nos seguintes objetivos:

I) Autoconhecimento: fazer o cliente ter consciência das características da sua personalidade e dos mecanismos de identificação projetiva, quebrando a resistência em admitir os próprios erros;

II) Identificar as situações traumáticas: recuperar as lembranças do inconsciente, identificando e ressignificando essas memórias;

III) Autoconsciência: fazer o cliente ter a consciência das suas emoções e aprender a ter o total controle delas;

IV) Fortalecer o ego ao lidar com emoções: aprender a gerar aprendizado nos acontecimentos emocionais e parar de se achar vítima das situações;

V) Motivação: desenvolver objetivos de vida e metas significativas que mobilizem o indivíduo para a ação, gerando a motivação necessária para enfrentar os desafios e superar os problemas da vida;

VI) Empatia: desenvolver o amor pelo próximo e aprender a se colocar no lugar do outro;

VII) Lidar com relacionamentos: aprender a lidar de maneira funcional com os relacionamentos, sendo capaz de gerir conflitos com maturidade e equilíbrio emocional;

VIII) Resiliência: capacidade de se adaptar às situações adversas e não desistir facilmente dos objetivos, conseguindo transformar os problemas em oportunidades de crescimento emocional, intelectual e social.

Capítulo 17 - Técnicas de acesso ao Inconsciente

A seguir descrevo as principais técnicas que utilizo para acessar as memórias do inconsciente, conforme o conhecimento atual da Neurociência. Considero que essas técnicas possam ser agregadas à prática clínica da Neuropsicanálise.

As técnicas consistem nas seguintes:

a) Terapia regressiva para acesso direto a memórias do passado
b) Visualização de imagens da origem do problema no inconsciente
c) Repetição de frases para saber a origem de traumas, crenças e pensamentos

d) Projeção de futuro pelo inconsciente
e) Produção de sonhos

Terapia Regressiva

Com o cliente deitado, peça para ele imaginar uma praia ou algum local de natureza de sua preferência que esteja associado à paz e tranquilidade. Sugira que ele faça uma linha do tempo na areia e se posicione no meio. Diga que cada passo que ele der para trás, voltará um ano da sua vida. Instrua para que ele volte à idade que deseja investigar os eventos traumáticos. Pode ser sugerida ainda a visualização de uma porta para ele abrir e projetar a sua mente para a idade sugerida.

Essa técnica também pode ser realizada com o cliente em pé. Ele pode caminhar para trás e dizer o que vem a mente em cada ano sugerido.

Visualização das imagens da origem do problema no inconsciente

Com o cliente deitado e de olhos fechados, peça para a mente inconsciente mostrar as imagens da origem do problema que está sendo investigado. Espere algum tempo até que venham lembranças em sua mente.

Repetição de frases

Resuma o problema do cliente em uma frase. Se possível, tente identificar alguma frase dita por ele que diz respeito ao problema. Por exemplo, "tenho medo de multidão". Com o cliente deitado e de olhos fechados, peça para ele repetir a frase mentalmente até que a mente inconsciente mostre exatamente a origem desse sentimento ou problema.

Projeção de futuro pelo inconsciente

Consiste na mesma metodologia da técnica de regressão, porém projetando a mente para o futuro. Na linha do tempo, sugira que cada passo dado para frente, ele projetará a sua mente para o futuro um ano. A mente inconsciente mostrará o caminho mais provável conforme as suas escolhas do presente. Essa técnica ajuda bastante na tomada de decisões, pois permite escutar diretamente o que a mente inconsciente pensa a respeito. É uma forma interessante de motivar e fazer o indivíduo se colocar em ação.

Produção de sonhos

Com o cliente deitado e de olhos fechados, solicite que projete a sua mente para algum local de natureza que traga paz e relaxamento. Solicite à mente inconsciente continuar a produzir imagens de sonhos já vivenciados ou produzir novas imagens de forma a ajudar no seu momento presente ou a resolver determinado problema. A mente inconsciente está sempre pronta a trazer imagens, lembranças e símbolos para ajudar a mente consciente a tomar decisões, resolver problemas e superar os transtornos psicológicos.

Capítulo 18 – Neuropsicanálise na prática clínica

Descrevo, a seguir, alguns casos clínicos para mostrar a eficácia das técnicas com base nos conhecimentos da Neuropsicanálise. O que mais me impressionou na experiência clínica é que sempre a mente inconsciente tem o que mostrar e vai exatamente na raiz dos problemas.

Claudio, 55 anos

Gagueira

Perguntei a mente inconsciente que mostrasse as imagens e lembranças que foram as causas para a sua gagueira. Viu imagens de sua infância. Em uma primeira vivência, lembrou das cenas dos pais brigando em casa e ele com medo. Depois viu outra imagem dele batendo a cabeça na mesa e levando gritos do seu pai. Viu outra imagem na escola. Ele tentava ler e os outros alunos reclamavam da demora e faziam zombaria. A professora não demonstrava paciência.

Fernando, 60 anos

Fobia à dentista

Pedi que repetisse a frase: "tenho medo de dentista" e que a mente inconsciente mostrasse as origens desse medo. Viu a imagem de quando estava no Exército aos 21 anos. Em uma simulação de combate, o sargento amarrou as suas mãos, colocou grama em sua boca e tampou. Não conseguia respirar direito e ficou muito angustiado.

Aline, 25 anos

Falta de prazer nas relações sexuais

Perguntei à mente inconsciente a origem da falta de prazer nas relações sexuais. Viu a imagem de quando criança, sendo abusada sexualmente pela irmã e pelo irmão. O irmão além de abusar também batia nela.

Carla, 21 anos

Dificuldade em estudar e aprender

Feito o relaxamento, a mente inconsciente mostrou imagens de quando era criança e a mãe ensinava a lição. Ela não tinha paciência e reclamava da sua dificuldade em entender e aprender. Sentiu-se angustiada e desamparada. Depois viu imagens na escola. Era sempre a mais lenta nas tarefas e sofria *bullying* dos colegas.

Carlos, 45 anos

Medo de deglutir

Lembrou-se de imagens da sua infância e adolescência quando por duas vezes se engasgou e ficou sem ar.

Ana Maria, 30 anos

Medo de operar

A cliente é médica cirurgiã e sentia muito medo de operações. Lembrou-se das imagens da residência quando um paciente complicou durante a cirurgia e morreu pelo que ela considerou ser um erro médico. Sentiu-se culpada por isso.

Jéssica, 24 anos

Síndrome do pânico e depressão

Lembrou-se das imagens de sua mãe e do padrasto. Na infância, foi amarrada na cadeira por um cinto e deixada em casa sozinha. Viu também a imagem do padrasto tentando abusá-la e a mãe ficando do lado dele. Ela teve de ir morar na casa da avó e passou a sua adolescência com ela. No momento atual estava namorando um rapaz agressivo, muito parecido com o padrasto. Além disso, sofria muita pressão no trabalho. Estava fazendo uso de cocaína. Sentia-se despreparada para a vida, tendo muita mágoa da mãe.

Capítulo 19 - Futuro da Psicanálise

A Psicanálise precisa reconstruir o seu caminho ao lado da Neurociência. Temos de revisar os teóricos clássicos bem como as técnicas terapêuticas.

É preciso dar continuidade ao legado de Freud, que se estivesse vivo estaria estudando os mecanismos do cérebro e tentando achar convergências com o seu modelo teórico. Essa revisão é importante para o desenvolvimento da Psicanálise, como qualquer ciência que evolui e aprofunda os seus conhecimentos. As pessoas que associam defender a Psicanálise a seguir cegamente os modelos teóricos do século passado estão fadadas a uma técnica desatualizada e fora do contexto contemporâneo, que pede mais ciência e processos terapêuticos mais rápidos.

As técnicas de Psicanálise também precisam ser revistas, pois a técnica de associação livre e a pouca intervenção dos psicanalistas fazem pouco sentido para a maioria dos casos. Os diálogos conscientes também se mostram insuficientes para chegar às memórias inconscientes. Por fim, a análise dos sonhos também se mostra um pouco arcaica, tendo-se formas mais rápidas de acesso ao inconsciente.

Dessa forma, o futuro da Psicanálise passa por revisar o seu modelo teórico e se aproximar do modelo científico do cérebro. A Neuropsicanálise é a nova roupagem e o novo caminho para ajudar o ser humano a expandir a sua consciência e resolver as suas neuroses. Fica o convite ao leitor para expandir o conhecimento e a prática terapêutica dessa nova ciência do inconsciente.

Referências

- Andrade, Victor Manuel (2013): A ação terapêutica da Psicanálise e a neurociência: o mundo freudiano como afeto e representação;

- Araújo, Marcelo (2017): Hipnose Clínica e a Neurociência: o novo inconsciente e o resgate da Neuroipnose como psicoterapia científica;

- Araújo, Marcelo (2017): Auto-hipnose e a Neurociência;

- Callegaro, Marco Montarroyos (2011): O Novo Inconsciente: como a terapia cognitiva e as neurociências revolucionaram o modelo de processamento mental;

- Carreiro, Antônio (2006): Hipnose e Psicoterapia: Etiologia e práxis;

- Damásio, Antônio (2015): O mistério da consciência: do corpo e das emoções ao conhecimento de si;

- Fuentes, Daniel (2014): Neuropsicologia: teoria e prática;

- Garcia-Rosa, Luiz Alfredo (2007): Freud e o inconsciente;

- Gay, Peter (2012): Freud: uma vida para o nosso tempo;

- Goleman, Daniel (2012): Inteligência Emocional: a teoria revolucionária que define o que é ser inteligente;

- Goleman, Daniel (2012): O cérebro e a inteligência emocional: novas perspectivas;

- Goleman, Daniel (2014): Foco: a atenção e seu papel fundamental para o sucesso;

- Jung, Carl Gustav (2016): Memórias, sonhos, reflexões;

- Jung, Carl Gustav (2016): O Homem e os seus símbolos;

- Pinto, Manuel da Costa (2007): Livro de Ouro da Psicanálise;

- Pliszka, Steven R. (2004): Neurociência para o clínico de saúde mental;

- Rossi, Ernest (2008): A Nova Neurociência da Psicoterapia, Hipnose Terapêutica e Reabilitação: um diálogo criativo com os nossos genes;

- Rodrigues, Roberto (1985): Psicanálise e neurociência: um modelo neurobiológico da personalidade humana